Für dich!

_____

Von:

_____

ANSELM GRÜN

Jeder Tag
ein Segen

Vier-Türme-Verlag

Jeder Tag ein Segen

Der Herr segne und behüte dich.
Der Herr lasse sein Antlitz über dir leuchten
und sei dir gnädig!
Er zeige dir sein Angesicht
und gebe dir den Frieden.

In diesem Segenswort, dem sogenannten aaronitischen Segen, wird etwas deutlich, das für jeden Segen gilt. Darin wendet uns Gott sein freundliches Angesicht zu:
Ich bin angesehen. Ich bin wahrgenommen. Ich bin geliebt.
Segnen ist immer persönliche Zuwendung. Ich schaue den Menschen an. Der Segen soll nicht irgendein frommes Wort sein, losgelöst

von diesem konkreten Menschen, sondern eine persönliche Zusage und Zuwendung, eine Antwort auf die tiefste Sehnsucht und das eigentliche Bedürfnis dieses einen Menschen. Liebe Leserin, lieber Leser, mit diesem Buch möchte ich Ihnen Segen an die Hand geben, die Sie in den unterschiedlichen Situationen Ihres Lebens sprechen können, für sich selbst, aber auch für andere. Manchmal kann es eine Hilfe sein, vorformulierte Worte zu sprechen. Gerade dann, wenn das Herz trocken ist und der Mund verstummt, wollen die folgenden Gebete helfen, Ihr Leben unter den Segen Gottes zu stellen, sich gesegnet zu wissen und darauf zu vertrauen, dass Sie selbst Segen für andere sind.

Ihr Pater Anselm Grün

Segen in der Traurigkeit

Der gute und barmherzige Gott segne dich
in deiner Traurigkeit.
Er gebe dir Halt mitten in deiner Halt-
losigkeit, er komme mit seiner Liebe und
seiner Zärtlichkeit in deine Einsamkeit,
in die dich die Trauer hineingeführt hat.
Gott möge dir Menschen schicken, die
dich in deiner Trauer begleiten, die deine
Tränen aushalten, die zu dir stehen, auch
wenn du selbst nicht zu dir und deiner
Schwachheit stehen kannst.
Gott möge dich durch Worte berühren,
die er dir ganz persönlich zusagt: Fürchte
dich nicht, ich bin bei dir. Wenn du
durchs Wasser schreitest, bin ich bei dir,

wenn durch Ströme, dann reißen sie dich nicht fort (Jes 43,1f).

Mögen die Menschen, die dich begleiten, Worte finden, die dich trösten und ermutigen, Worte, die dich begleiten, an denen du dich festhalten kannst.

Gott möge dich segnen in deiner Traurigkeit, damit deine Trauer sich in Freude verwandelt, dass du auf dem Grund deiner Traurigkeit inneren Frieden findest.

Auf dem Grund deiner Seele ist ein Raum jenseits aller Traurigkeit.

Möge Gott dich mit Frieden segnen.

Gottes Segen möge dich einhüllen wie ein wärmender und schützender Mantel.

Segen in der Krankheit

Der gütige Gott segne dich in deiner Krankheit. Die Krankheit verunsichert dich. Sie zerbricht deine Vorstellungen vom Leben.
Der Segen Gottes möge dich davor bewahren, dass dich die Krankheit zerbricht. Sie möge dich vielmehr aufbrechen für dein wahres Selbst, für die Möglichkeiten, die Gott dir in deinem Leben zutraut. Und die Krankheit möge dich für die Menschen um dich herum öffnen, dass du anders mit ihnen umgehst, dass du sie verstehst und dass du ihnen Worte sagst, die du als Gesunder nie gesagt hast. Der Segen Gottes möge dich befähigen,

bewusster und achtsamer zu leben, dass du jeden Augenblick bewusst wahrnimmst: die Schönheit der Natur, die Einmaligkeit jedes Menschen, der dir begegnet. Für die kleinen Freuden, die Gott dir im Alltag schenkt: das freundliche Lächeln eines Menschen und der Sonnenstrahl, der durch die Wolken dringt.

Gottes Segen begleite dich in deiner Krankheit und er schütze dich vor der Krankheit. Gottes Segen heile dich in deiner Krankheit, dass du wieder ganz gesund wirst. Und Gottes Segen durchdringe dich, damit alles Kranke in dir von Gottes Liebe verwandelt und geheilt wird. Gott segne dich, dass du selbst zum Segen wirst für die Menschen, die dir begegnen.

Segen in Konflikten

Gott segne dich. Gottes Segen schütze dich jetzt in dem Konflikt, in den du gestellt bist. Du hast dir diesen Konflikt nicht ausgesucht. Du bist in ihn hineingeraten, ohne dass du es gewollt hast. Ein anderer Mensch hat dich kritisiert, hat dich angegriffen, hat dich in eine Situation gebracht, die dir unangenehm ist.

Gottes Segen möge dich jetzt einhüllen wie ein schützender Mantel, damit die feindlichen Worte von außen nicht in dich eindringen können. Sein Segen umgebe dich wie ein Schild, der die Pfeile abwehrt, die feindliche Menschen auf dich schießen. Die Worte, die andere zu dir sprechen, ver-

letzen dich. Doch der Segen Gottes möge
durch all deine verletzten Gefühle dringen
und dich in den Grund deiner Seele führen,
in dem dich niemand verletzen kann.
Dort bist du heil und ganz. Dort wohnt
Gott in dir und schützt dich vor Menschen,
die Macht über dich gewinnen wollen.
Dort bist du ganz frei. Da wohnt Gottes
Liebe in dir. Und in dieser Liebe kannst
du dich geborgen fühlen. Möge Gottes
Segen dich an diesen inneren Ort der
Liebe führen, in dem du frei bist von
den Konflikten, die dich in der äußeren
Welt erwarten.
Dort bist du gesegnet und stehst unter
dem Segen Gottes, der dich beschützt vor
allem, was dich bedroht.

Segen und Versöhnung

Du sehnst dich danach, dich mit den Menschen zu versöhnen, mit denen du Schwierigkeiten hast, mit denen du im Streit liegst. Aber du weißt keinen Weg, wie du dich versöhnen kannst. Gottes Segen möge dich befähigen, dich zunächst mit dir selbst zu versöhnen, mit deiner Lebensgeschichte, mit deiner Ohnmacht, mit deinen Grenzen und Schwächen. Dich zu versöhnen mit dieser Situation des Streites, in die du geraten bist. Gottes Segen erfülle dich mit dem Geist der Versöhnung, der von Jesus ausgegangen ist. Jesus hat selbst am Kreuz seinen Mördern noch vergeben. Gottes Segen

möge dich mit dem Geist Jesu durch-
dringen. Dann spürst du in deiner Seele,
dort, wo Jesus in dir wohnt, Versöhnung
und Frieden. Im Grund deiner Seele ist
schon Versöhnung.
Sein Segen bringt dich in Berührung mit
diesem inneren Frieden. Und wenn du tief
in dir mit dir und deinem Leben versöhnt
bist, dann kannst du dich auch mit den
Menschen versöhnen, die dich verletzt
haben. Sie sind nicht mehr länger deine
Feinde.
Der Segen Gottes befähige dich, auch
die Menschen zu segnen, mit denen du
Schwierigkeiten hast. Dann spürst du,
dass es nicht nur schwierige Menschen
sind, sondern gesegnete Menschen,

Menschen, die sich nach Versöhnung und nach dem Guten sehnen.

Der Segen Gottes öffne dir die Augen, damit du den Segen Gottes auch über diesen Menschen siehst. So wird es dir gelingen, versöhnt auf diese Menschen zu schauen. Gottes Segen möge dich befähigen, dass von dir Segen und Versöhnung für alle Menschen ausgeht, denen du begegnest.

Segen in der Müdigkeit

Du bist müde. Du bist vielleicht müde geworden in deinem Beruf. Du hast dich so sehr eingesetzt. Die Enttäuschung ist groß, dass dein Bemühen nichts genutzt hat.
Du bist vielleicht müde geworden in deiner Ehe. Du hast dafür gekämpft, dass ihr euch immer besser versteht. Aber dein Kampf war umsonst. Oder du bist müde geworden, weil du dich in deiner Kirchengemeinde engagiert hast. Aber du hattest keinen Erfolg und sie hat es dir nicht gedankt.
Der Segen Gottes möge dich davor bewahren, dass du in deiner Müdigkeit versinkst. Der Segen Gottes verwandle deine Müdigkeit. Lege dich hin und stelle dir vor, dass du in

Gottes guten und liebenden Händen liegst.
Du kannst dich in diese Liebe fallen lassen.
Sie trägt dich. Du musst jetzt gar nichts
tun, nicht kämpfen, dich nicht einsetzen.
Genieße es, in Gottes guten Händen zu
ruhen.

Stelle dir vor, dass Gottes Segen dich
umgibt. Du bist gesegnet. Du hast dich
für andere eingesetzt. Gottes Segen möge
deinen Einsatz lohnen.

Vertraue darauf, dass Gottes Segen
über allem steht, was du versucht hast,
und dass Gott deine Müdigkeit in neue
Lebendigkeit verwandeln und das Werk
deiner Hände und alles, was du tust und
worum du dich mühst, segnet.

Segen im Misserfolg

Du hast Misserfolg gehabt. Etwas, was dir wichtig war, ist schiefgelaufen. Fixiere dich nicht darauf, bete um Gottes Segen für dich jetzt in deinem Misserfolg.

Gottes Segen verwandele ihn in ein neues Vertrauen, dass du von Gottes guter Hand getragen bist. Es ist nicht so wichtig, dass du jetzt gerade Misserfolg hast.

Der Segen Gottes vermag ihn in neues Gelingen verwandeln. Auf einmal spürst du, dass es nicht so wichtig ist, was da schiefgelaufen ist. Viel wichtiger ist, dass du unter dem Segen Gottes stehst.

Gottes Segen verlässt dich nicht. Gottes Segen vermag alles, was dir von außen widerfährt und was deine Lebenspläne durchkreuzt, zu verwandeln. Am Anfang siehst du das noch nicht. Aber wenn du deinen Misserfolg unter den Segen Gottes stellst, erkennst du auf einmal, dass darin auch die Hoffnung steckt, dass dein Leben auf neue Weise gelingt.

Dir ist eine Vorstellung vom Leben zerbrochen. Aber jetzt bricht dich Gottes Segen für neue Möglichkeiten auf, die in dir stecken und die dir Gott bereithält. Vertraue auf diesen Segen Gottes. Er wird dein Missgeschick in Glück verwandeln und deinen Misserfolg in ein Gelingen, das nicht nur für dich selbst, sondern auch für die Menschen um dich herum zum Segen wird.

Segen in der Einsamkeit

Du fühlst dich einsam, allein gelassen.
Keiner besucht dich.
Keiner versteht dich. Niemand ist jetzt da,
um mit dir zu sprechen.
Halte deine Einsamkeit aus, aber stelle sie
unter den Segen Gottes.
Gottes Segen verwandelt deine Einsamkeit. Du spürst, dass sein Segen dich eins
werden lässt mit dir selbst. Und wenn
du eins bist mit dir, fühlst du dich auch
mit den Menschen verbunden, auch
wenn sie jetzt gerade nicht bei dir sind.
Die Einsamkeit möchte dich sensibel
machen, dass Gottes Segen immer um
dich ist. Gottes Segen nimmt dir deine

Einsamkeit nicht weg. Auch wenn du dir vorstellst, dass Gottes Segen dich umgibt, fühlst du dich einsam. Aber stelle dir vor, dass du durch deine Einsamkeit hindurchgehst. Dann gelangst du durch das Gefühl des Alleinseins in den Grund deiner Seele. Und dort wohnt Gottes Segen.

Gottes Segen kann deine Einsamkeit fruchtbar werden lassen.

Sein Segen ist immer beides: Fruchtbarkeit und gute Worte. Gott spricht in deiner Einsamkeit gute Worte zu dir: »Du bist mein geliebter Sohn, meine geliebte Tochter. Ich freue mich, dass du da bist. Vertraue darauf, dass ich auch immer bei dir bin. Ich bin gerne bei dir, weil du so ehrlich bist, weil du bereit bist,

deine Einsamkeit auszuhalten, anstatt vor
ihr davonzulaufen.«

So möge Gott dich segnen, damit du dich
mit dir selbst eins fühlst, einverstanden
mit deinem Leben und eins mit den
Menschen um dich herum. Dann wird
sein Segen dich tragen und dich mit allen
Menschen verbinden, die unter seinem
Segen stehen.

Segen im Zweifel

Du zweifelst am Sinn deines Lebens. An
dir selbst, ob du dein Leben schaffst, ob
du deinen Lebenstraum erfüllen kannst.
Du zweifelst an deinen Fähigkeiten. Und
du zweifelst an der Liebe der Menschen,
mit denen du dich verbunden fühlst.
Oft zweifelst du auch an Gott. Du hast so
oft zu Gott gebetet, aber Gott hat dir deine
Wünsche nicht erfüllt.
Stelle dich mit deinen Zweifeln unter den
Segen Gottes. Stelle dir vor, dass Gottes
Segen stärker ist als deine Zweifel. Gottes
Segen möge dich mit deinen Zweifeln
tragen wie ein Vater, der sein zweifelndes
Kind in seine Arme nimmt, um ihm zu

zeigen, dass er es liebt. Gottes Segen möge deine Zweifel in eine neue Zuversicht verwandeln, dass dein Leben gelingt. Gottes Segen möge deine Zweifel an Gott in einen tieferen Glauben verwandeln. Die Zweifel wollen dich nicht von Gott trennen, sondern nur die Bilder zerstören, die du dir von Gott gemacht hast.

Der Segen Gottes ist kein Bild. Er ist Wirklichkeit. Gottes Segen trägt dich und umgibt dich. Vertraue diesem Segen und vertraue darauf, dass du unter dem Segen Gottes alle Zweifel zulassen darfst. Sie können dich nicht von Gott trennen, sondern nur immer mehr in den Segen Gottes hineintreiben, der dich umarmt wie ein Vater oder eine Mutter, die ihr Kind umarmen.

Segen in der Stille

Gottes Segen begleite dich in der Stille.
Genieße die Stille, die du um dich herum
spürst. Die Stille selbst ist ein Segen für
dich. Sie bringt dich mit deinem inneren
Raum der Stille in Berührung.

Dort, wo es in dir still ist, bist du ganz du
selbst. Da hat der Lärm der Welt keinen
Zutritt. Die Menschen mit ihren Meinungen
über dich, mit ihren Erwartungen an
dich können in diesen Raum der Stille
nicht vordringen.

Dort in der Stille wohnt Gott in dir. Und
Gott ist der, der dich befreit von der Macht
der Menschen und von den verletzenden
Worten, die von außen auf dich einströmen.

Gott ist mit seinem Segen in dir. Und
dort, wo Gott mit seinem Segen in
dir wohnt, bist du geborgen, behütet,
geschützt.
In der Stille unter dem Segen Gottes
kommt deine innere Unruhe zur Ruhe.
Du brauchst gar nichts zu tun.
Nimm nur den Segen Gottes wahr, der
in dir ist und der dich umgibt wie eine
schützende Hülle.

Segen und Achtsamkeit

Gottes Segen schenke dir Achtsamkeit. Achte auf alles, was du tust. Achte auf die Schritte, die du gehst. Dann wirst du erkennen, dass jeder Schritt von Gott gesegnet ist. Und jeder Schritt möchte dich in größere Lebendigkeit und Freiheit und Liebe und Frieden hineinführen. Achte auf deinen Atem. Wenn du einatmest, dringt Gottes Liebe in dich ein. Und wenn du ausatmest, kannst du alle Sorgen und allen Druck, den du in dir spürst, loslassen. Achte auf die Worte, die du sprichst, dass es Worte des Segens werden, gute Worte, die das Gute im Menschen ansprechen und es wecken.

Achte auf das, was du gerade tust. Versuche, ganz in dem zu sein, was du tust. Dann wird es auch zum Segen werden für dich und für die Menschen, für die du gerade etwas tust.

Achte jetzt auf diesen Augenblick. Dann wirst du spüren: Gottes Segen ist bei dir. Gottes Segen möge diesen Augenblick, den du jetzt gerade erlebst, zu einem glücklichen Augenblick werden lassen. Du brauchst gar nichts zu tun. Nimm nur achtsam diesen einen Augenblick wahr. Dann wirst du die Fülle von Gottes Segen in diesem Augenblick erfahren. Und du wirst erkennen, dass jede Zeit eine gesegnete Zeit, eine erfüllte Zeit ist.

Segen und Mut

Gottes Segen möge dir Mut schenken, das zu wagen, was du immer vor dir herschiebst, wovor du Angst hast, was dir unangenehm ist. Gottes Segen möge dir die Kraft geben, über deine eigenen Bedenken und Ängste hinwegzuschreiten und das zu tun, was du schon immer tun wolltest.

Gottes Segen möge dich befähigen, die Worte zu sagen, die dir auf der Zunge liegen, die du dich aber bisher nicht getraut hast, sie zu sagen. Du hast Angst gehabt, du könntest einen anderen verletzen. Aber du spürst, dass die Worte gesagt werden müssen, damit du dich frei fühlst und damit die Beziehung zum anderen klar wird.

Gottes Segen möge dir den Mut schenken,
zu dir zu stehen, auch wenn du anderer
Meinung bist als deine Umgebung.
Vertraue darauf, dass Gottes Segen dich
stärkt und dass es für dich zum Segen
wird, wenn du authentisch bist und dich
nicht verbiegst, um anderen zu gefallen.
Du wirst Gottes Segen erfahren, wenn
du mutig genug bist, einfach das zu sagen,
was in deinem Herzen ist, und das zu tun,
was deinem innersten Wesen entspricht.
Und du wirst auch erkennen, dass
dein Mut auch den anderen zum Segen
gereichen wird.

Segen und Geduld

Gottes Segen möge dir Geduld schenken.
Du brauchst Geduld mit dir selbst. Du hast
den Eindruck, dass du schon so viel an dir
gearbeitet hast. Aber jetzt hast du wieder
empfindlich reagiert.
Du hast dich über dich selbst geärgert,
weil du nicht so souverän bist, wie du
gerne sein möchtest. Da brauchst du
Geduld mit dir selbst.
Geduld heißt, dass du dich selbst duldest,
dass du dich so sein lässt, wie du bist.
Du musst nicht völlig anders werden.
Nimm dich selbst in aller Geduld an.
Gottes Segen möge dich auch befähigen,
mit den Mitmenschen Geduld zu haben.

Du brauchst Geduld mit deinen Kindern,
die nicht immer so sind, wie du es dir von
ihnen erwartest. Du brauchst Geduld
mit den alten Menschen, wenn sie immer
wieder das Gleiche fragen.
Bitte Gott um seinen Segen, wenn du
spürst, dass Ungeduld in dir aufsteigt.
Und vertraue darauf, dass Gottes Segen
dir in Zeiten der Ungeduld Ausdauer
schenkt und dass Gottes Segen auch
die Menschen einhüllt, mit denen du so
ungeduldig bist.

Segen für ein weites Herz

Gottes Segen möge dir ein weites Herz
schenken. Manchmal ärgerst du dich über
dein enges Herz. Du ärgerst dich, wenn
die Menschen um dich herum so anders
sind. Bitte Gott um ein weites Herz.
Ein weites Herz regt sich nicht über die
Menschen auf. Es hat Raum für deren Eigen-
heiten. Du erkennst, dass das, was dich
an den anderen ärgert, ja auch in dir ist.
Gottes Segen weitet dein Herz. Denn
Gottes Segen erfüllt die ganze Welt. Gott
segnet alle Menschen. Gott spricht zu
allen Menschen: Du bist mein geliebter
Sohn, du bist meine geliebte Tochter.
Wenn du dir vorstellst, dass jeder Mensch

von Gott gesegnet ist, dann weitet sich dein Herz. Dann bleibst du nicht stehen an der Enge und Kleinkariertheit der Menschen. Du schaust sie mit einem weiten Herzen an. Und du spürst, wie dieses weite Herz dich innerlich frei macht und mit Frieden und Freiheit erfüllt.

Weite dein Herz, damit Gottes Segen in alle Bereiche deines Leibes und deiner Seele eindringt. Gottes Segen führt dich in einen weiten Raum, in dem du frei atmest und dich frei fühlst.

Gottes Segen schaffe um dich herum eine Weite, die allen guttut, denen du begegnest.

Segen und Demut

Gottes Segen schenke dir Demut. Demut ist der Mut, in deine eigene Seele hinabzusteigen und dort auf dem Grund anzukommen. Demut ist der Mut zur Erde. Du stehst mit beiden Füßen auf der Erde. Du stehst zu dir mit all deinen Schattenseiten.
Das gibt dir Gelassenheit und Freiheit.
Du brauchst deine Energie nicht damit zu verschwenden, an deiner Fassade zu bauen.
Demut ist der Mut, zu dir zu stehen, so wie du bist. Wenn Gottes Segen dir Demut schenkt, dann wirst du die Demut selbst als Segen für dich erfahren. Sie befreit dich von allem Druck, vor den anderen

gut dastehen zu müssen. Du kannst ihnen begegnen, ohne dich beweisen zu müssen. Du bist einfach so, wie du bist.

Und deine Demut ehrt die Menschen. Du siehst sie so, wie sie sind. Und du kannst sie so lassen. Bitte Gott um seinen Segen, dass er dich befähigt, in dieser Demut die Menschen anzuschauen.

Dann wirst du trotz ihrer Fehler und Schwächen immer die Würde jedes Einzelnen erkennen. Und du wirst dich an ihnen freuen.

Die Demut befreit dich von dem Druck, dich mit anderen zu vergleichen. Du darfst ganz du selbst sein, und die anderen dürfen so sein, wie sie sind. Dann erfährst du den Segen Gottes, der über dir ruht.

Wenn Gottes Segen über dir steht, dann kannst du zu dir stehen.
Dann fühlst du dich gesegnet, so wie du bist. Und von dir wird Segen ausgehen auf die Menschen. Der Segen, der von dir ausgeht, wird die Menschen aufrichten.

Segen und Mitgefühl

Gottes Segen möge dir Mitgefühl schenken. Manchmal fühlst du dich hart. Du bist verletzt worden und willst dich nicht in die anderen einfühlen. Aber du spürst, dass dir die Härte nicht guttut.
Bitte Gott um seinen Segen, dass Gott dein Herz weich macht. Dann fühlst du dich in die Menschen hinein, denen du begegnest. Du urteilst nicht, du siehst sie nicht von außen. Du spürst vielmehr ihre Sehnsucht, ihr Herz. Und dann fühlst du mit ihnen und fühlst dich mit ihnen verbunden.
Bitte Gott um seinen Segen, dass du mit allem mitfühlen kannst, was ist. Du fühlst

dich verbunden mit der ganzen Schöpfung.
Du fühlst mit den Tieren, du fühlst mit den
Pflanzen. Du fühlst mit allen Lebewesen.
Dieses Mitgefühl öffnet dein Herz für
alles, was ist. Du spürst, wie es dir guttut,
dich mit allem verbunden zu fühlen und
mit allem mitzufühlen. Das gibt dir auch
das Gefühl von Geborgenheit.
Du bist nicht allein. Und du kannst durch
dein Mitgefühl die Atmosphäre um dich
herum verwandeln.
Dann wird sich die Katze oder der Hund
gerne zu deinen Füßen legen. Die Pflanzen
fühlen sich wohl bei dir. Und die Menschen
spüren, dass da einer ist, der ein Herz für
sie hat. Dann wird Gottes Segen dich zum
Segen werden lassen für diese Welt.

Segen und ein reines Herz

Gottes Segen möge dir ein reines Herz schenken. Ein reines Herz hat keine Nebenabsichten. Ein reines Herz sieht auch das Reine und Klare in den Menschen, denen du begegnest. Mit einem reinen Herzen bist du ein Segen für die Menschen.

Du spürst selbst, wie es dir guttut, wenn du einem Kind begegnest, das ein reines Herz hat, das einfach nur offen ist für dich, ohne Vorurteile. Mit einem reinen Herzen begegnest du den Menschen, ohne sie für dich benutzen zu wollen. Du lässt sie sein, wie sie sind. Und du erkennst auch in ihnen die Sehnsucht nach Reinheit und Klarheit. Von deinem reinen Herzen

geht etwas Reinigendes aus, das allen
Menschen guttut.

Von Jesus ist so etwas Reines ausgestrahlt.
Er sagt zu seinen Jüngern: »Ihr seid
schon rein durch das Wort, das ich zu
euch gesprochen habe.« (Joh 15,2)
Jesus hat so gesprochen, dass die Menschen
sich rein fühlten, im Einklang mit sich
selbst. Aber unsere Worte sind oft nicht
rein. Wir haben Absichten. Wir stellen
uns besser dar, als wir sind. Unsere Worte
sind vermischt mit Aggressionen und mit
Eitelkeit.

Bitte Gott um seinen Segen, dass Gottes
Segen dein Herz reinigen möge. Dann
wird dein reines Herz zum Segen für dich
und für die Menschen.

Segen und Kampfgeist

Gottes Segen möge dir Kampfgeist schenken. Manchmal bist du müde geworden in deinem Kampf für eine bessere Welt, in deinem Kampf um eine gute Atmosphäre in der Familie und in der Firma, in der du arbeitest. Du hast keine Lust mehr zu kämpfen.

Alles scheint vergeblich zu sein.

Da brauchst du Gottes Segen, der dich mit Kampfgeist erfüllt. Dann hast du wieder Lust, dich für Menschen einzusetzen, die in Not sind. Dann gibst du dich selbst nicht auf. Du kämpfst darum, dass dein Leben gelingt, dass du die Ziele erreichst, die du dir gesetzt hast. Und du kämpfst

für das Leben, für die Gerechtigkeit,
für eine menschlichere Welt. Die Welt
braucht deinen Kampfgeist, damit sie
menschlicher wird.

Gottes Segen wird dich immer wieder mit
diesem Kampfgeist erfüllen, dass du dich
selbst nicht aufgibst, dass du die Menschen
nicht aufgibst, mit denen du lebst und für
die du dich einsetzt. Bitte Gott um seinen
Segen, damit du durch deinen Kampfgeist
zum Segen wirst für die Menschen, für die
du dich einsetzt.

Und bitte Gott um seinen Segen, damit
du deine Ideale nicht aufgibst, sondern
weiterkämpfst, bis auch in dir das reine
und klare Bild Gottes immer heller auf-
scheint.

Segen und Barmherzigkeit

Gottes Segen erfülle dich mit Barmherzigkeit. Manchmal bist du unbarmherzig mit dir selbst. Du kannst dir nicht vergeben, wenn du die Vorstellungen, die du von dir hast, nicht erfüllst. Da brauchst du die Barmherzigkeit, die dir Gottes Segen ermöglicht.

Gottes Segen entthront den unbarmherzigen Richter in dir, der alles, was du tust und denkst, sofort hart beurteilt und verurteilt.

Gottes Segen schenke dir aber auch die Barmherzigkeit gegenüber anderen Menschen. Dann wirst du sie nicht unbarmherzig beurteilen, sondern ein Herz für sie haben. Dein barmherziges Herz wird spüren, dass die Menschen darunter leiden, wenn sie innerlich hart sind, wenn sie Fehler machen. Deine Barmherzigkeit wird ihr hartes Herz erweichen und auch sie barmherziger machen.

Bitte darum immer wieder, dass Gott dir Barmherzigkeit schenkt. Die Barmherzigkeit tut dir selbst gut. Du gehst dann besser mit dir selbst um. Und sie wird den Menschen um dich herum zum Segen werden.

Die Barmherzigkeit, die Gott dir schenkt, wird die Atmosphäre um dich herum barmherziger und menschlicher machen. So wird durch dich der Segen göttlicher Barmherzigkeit aufstrahlen in die Welt.

Segen und Frieden

Gottes Segen erfülle dein Herz mit Frieden.
Oft genug wirst du dich innerlich zerrissen
fühlen. Dann sehnst du dich nach Frieden.
Die vielen verschiedenen Bedürfnisse und
Kräfte, die dich zerreißen, mögen Frieden
miteinander schließen. Dann wirst du mit
dir selbst in Frieden kommen.
Frieden heißt Harmonie. Die verschiedenen Töne in dir, die leisen und die lauten,
die hellen und die dunklen, die hohen und
die tiefen Töne werden zusammenklingen.
Gottes Segen schenke dir aber auch Frieden
mit deinen Mitmenschen. Manchmal weißt
du nicht, wie du in Frieden kommst mit
Menschen, die in sich unzufrieden sind. Da

spürst du, dass du den Frieden nicht einfach machen kannst.

Du brauchst Gottes Segen, damit er das Herz der Menschen erfüllt und sie zum Frieden mit sich selbst führt. Dann ist auch Frieden mit ihnen möglich.

Bitte Gott um seinen Segen, dass Gottes Segen die Menschen, mit denen du dich schwertust, durchdringe und sie zum Einklang mit sich selbst bringt. Dann wirst du sie mit anderen Augen anschauen. Wenn du sie als gesegnete Menschen anschaust, dann fällt es dir leichter, mit ihnen Frieden zu schließen.

So vertraue darauf, dass Gottes Segen dich und die Menschen um dich herum mit Frieden erfüllt und Frieden unter euch ermöglicht.

Segen und Gerechtigkeit

Gottes Segen möge dich mit Gerechtigkeit erfüllen. Gerechtigkeit heißt, dass du dir selbst, deiner Würde, deinem Wert gerecht wirst. Nur dann kannst du auch anderen Menschen und ihrem Wert gerecht werden. Du brauchst sie dann nicht zu entwerten, sondern kannst dich an ihrem Wert erfreuen.

Aber du spürst, wie schwer es ist, den Menschen wirklich gerecht zu werden, alle gerecht zu behandeln. Du willst deine Kinder gerecht erziehen. Und doch wirst du manchmal ein Kind dem anderen vorziehen. Bitte Gott um seinen Segen, damit du deine Kinder gerecht behandelst, damit du den Menschen, die mit dir arbeiten und mit dir leben, gerecht wirst.

Und bitte Gott um seinen Segen, dass Gottes Segen auch Gerechtigkeit in der Gesellschaft und in der ganzen Welt schaffe. Du spürst, dass du diese Welt nicht gerecht machen kannst. Es braucht Gottes Segen, damit mitten in aller Ungerechtigkeit immer wieder Gerechtigkeit entsteht. Wer Gerechtigkeit sät, wird Frieden ernten. Bitte um Gottes Segen, damit alle, die Verantwortung tragen in der Politik und in der Wirtschaft, sich um Gerechtigkeit bemühen, um gerechte Güterverteilung, gerechte Chancenverteilung und gerechten Lohn. So wird eine gerechte Welt von Gottes Segen erfüllt sein.

Segen vor einer Entscheidung

Du stehst vor einer schwierigen Entscheidung. Du weißt nicht, wie du dich entscheiden sollst. Du hast Angst, du könntest eine falsche Entscheidung treffen. Und du hast Angst vor der Reaktion der anderen Menschen.

Gott segne dich vor der Entscheidung und in der Entscheidung.

Und Gottes Segen lasse deine Entscheidung zum Segen werden für dich und für die Menschen.

Du kannst dir noch so viele Gedanken machen, wie du dich entscheiden sollst. Aber du hast keine Garantie, dass diese Entscheidung Segen bringt. Gottes Segen schenkt dir das Vertrauen, dass aus deiner Entscheidung Segen erwächst für dich und für die Menschen, die von deiner Entscheidung betroffen sind. So segne dich Gott jetzt vor der Entscheidung.

Gottes Segen sei über dir und schenke dir innere Ruhe. Hör auf dein Herz. Dort in deinem Herzen spricht Gott leise zu dir. Aber auch wenn du diese innere Stimme nicht hörst, vertraue auf Gottes Segen. Stell dir vor, dass Gottes Segen jetzt über dir ruht und dich und dein Denken und Fühlen durchdringt. Und dann entscheide im Vertrauen darauf, dass deine Entscheidung gesegnet ist und zum Segen wird für viele.

Segen zum Geburtstag

Zu deinem Geburtstag möchte ich dir herzlich gratulieren und dir Gottes Segen wünschen. Es ist gut, dass es dich gibt. Du bist einmalig. Du bist etwas Besonderes. So, wie du atmest, atmet sonst niemand. So, wie du fühlst, fühlt kein anderer. In dir will sich Gott auf einzigartige Weise ausdrücken. In dir spricht sich Gott aus. Du bist ein Wort Gottes, das durch dich in dieser Welt vernommen werden will. Wenn ich dir begegne, höre ich etwas von diesem einmaligen Wort, das Gott nur durch dich zu uns spricht. Da höre ich die Botschaft, die du selbst bist.

Gott segne dich, damit du dieses einmalige
Wort Gottes in diese Welt hinausträgst
und so zum Segen wirst für viele Menschen.

Du bist ein Jahr älter geworden. Du
schaust auf das vergangene Jahr zurück.
Ich wünsche dir, dass du voll Dank
alles annehmen kannst, was Gott dir im
vergangenen Jahr geschenkt hat, aber
auch, was er dir zugemutet hat. Und
ich wünsche dir, dass Gottes Segen dich
befähigt, dich mit allem zu versöhnen,
was im letzten Jahr war.

Schau auf das Licht, das dir auf deinem
Weg geleuchtet hat.

Der Segen Gottes sei für dich Licht auf
deinem Weg. Du weißt, dass in dir eine

Quelle der Freude ist, dass du auch andere glücklich machen kannst, dass du für andere eine Quelle des Segens bist.

Bibliographische Information der Deutschen Nationalbibliothek
Die Deutsche Nationalbibliothek verzeichnet diese Publikation in der Deutschen
Nationalbibliographie. Detaillierte bibliographische Daten sind im Internet über
http://dnb.d-nb.de abrufbar.

1. Auflage 2019
© Vier-Türme GmbH, Verlag, Münsterschwarzach 2019
Alle Rechte vorbehalten

Lektorat: Maria Gondolf
Umschlag- und Innengestaltung: Chandima Soysa
Umschlagmotiv: Maria_Galybina/shutterstock
Druck und Bindung: Finidr s.r.o., Český Těšín
ISBN 978-3-7365-0230-7

www.vier-tuerme-verlag.de

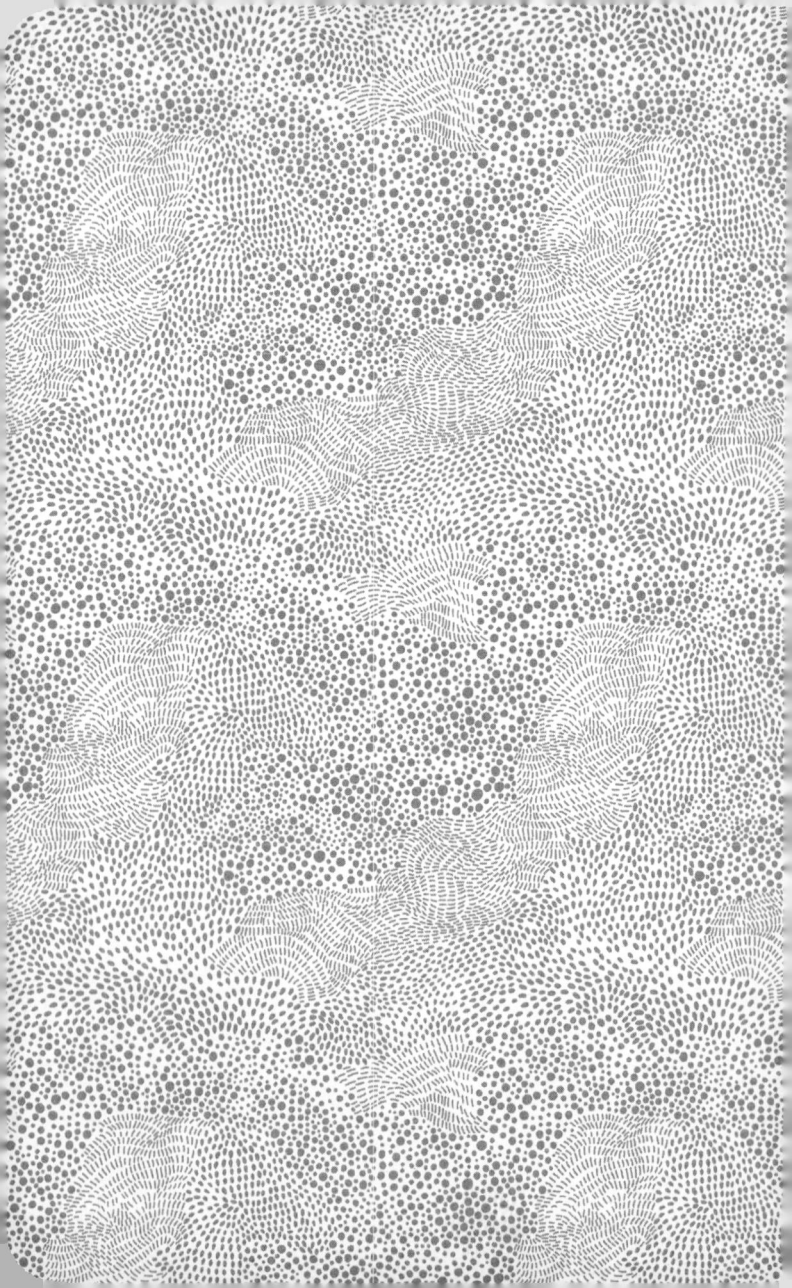